CLAUDIO BARRERA

POESÍA NEGRA EN HONDURAS

CANTOS DEMOCRÁTICOS AL GENERAL MORAZÁN

ERANDIQUE
COLECCIÓN

POESÍA NEGRA EN HONDURAS
CANTOS DEMOCRÁTICOS AL GENERAL MORAZÁN
CLAUDIO BARRERA

©Colección Erandique
Supervisión Editorial: Óscar Flores López
Diseño de portada: Andrea Rodríguez
Administración: Tesla Rodas y Jessica Cordero
Director Ejecutivo: José Azcona Bocock

Primera Edición
Tegucigalpa, Honduras—Octubre de 2024

ÍNDICE

CLAUDIO BARRERA: UNA OBSESIÓN PERSONAL	3
POESÍA NEGRA EN HONDURAS	7
PRÓLOGO	9
LA DANZA CARIBE DEL YANCUNÚ	13
BAILONGO	15
EL SON EN PUERTO LIMÓN	17
ZAMBOS DE LA MOSQUITIA	21
CANTO A LA RUMBERA PORTEÑA	23
NEGRO ESCLAVO	25
¿POR QUÉ?	27
NOCHE DE RUMBA	29
MULATAS DE LAS ISLAS	31
CANCIÓN NEGROIDE	33
EL BARDO NEGRO	35
CANTO A PAUL ROBESON	37
EL NEGRO MR. BROWN	39
CARINGA	41
MARÍA ENECÓN	43
DANZA NEGRA	45
BULULÚ	49
LOCO SON	51
CARAMBA, NEGRO ZAMBOMBO	55
CANCIÓN DEL ABOLENGO	57
EL NEGRO JOSÉ	59
GUITARRA	61

CENIZA DE EMILIO BALLAGAS	63
LA FIESTA DE SAN JUAN	65
PREJUICIO	67
ROMANCE DE LA DANZA NEGRA	69
¡YA SOMOS IGUALES!	71
BLANCA, LA NEGRA	73
POETAS QUE APARECEN EN ES ESTA ANTOLOGÍA	75
CANTOS DEMOCRÁTICOS AL GENERAL MORAZÁN	79
CANTO DE INICIACIÓN DEMOCRÁTICA	83
CANTO EN LA ALBORADA	87
CANTO DE ESPERANZA Y RECLAMO	89
CANTO DE JUVENTUD	91
ELEGÍA GLORIOSA	93

CLAUDIO BARRERA: UNA OBSESIÓN PERSONAL

"Claudio Barrera fue uno de los más relevantes miembros de la llamada Generación del 35", señala el poeta y Premio Nacional de Literatura 2008, José González, en su libro Diccionario de literatos hondureños.

Mientras tanto, José Francisco Martínez, asegura en la obra Literatura hondureña y su proceso generacional, que Claudio Barrera… o Vicente Alemán, como era su verdadero nombre, "Fue un poeta revolucionario impregnado del más puro humanismo social. Nació para la poesía, y murió siendo poeta sensible y puro".

El poeta le canta a su tiempo —agrega Martínez—. En su canto, a veces adolorido, expone las miserias e injusticias del momento histórico y fotografía con maestría artística los sufrimientos y el holocausto social del hombre de la posguerra.

Con trece libros de poesía publicados, una obra de teatro y tres antologías, reeditar a Claudio Barrera se convirtió en una obsesión personal.

El primer acercamiento con la doctora Delfina Alemán, su hija, ocurrió en septiembre de 2022. Le expliqué del interés de **COLECCIÓN ERANDIQUE** de publicar su obra, y ella aceptó con visible alegría.

Pero distintos contratiempos se interpusieron en el camino…

Dos años transcurrieron desde entonces, y las cosas estaban como en el inicio, pero la obsesión seguía allí...

Finalmente, en los últimos días de agosto de 2024, la doctora Alemán me autorizó para publicar la creación literaria de su padre.

Y suspiré con alivio… ¡Y emoción!

A pesar de la calidad de su poesía y narrativa, Claudio Barrera, tristemente, es un desconocido para la mayoría de los hondureños. Eso, sin embargo, se termina a partir de hoy.

En esta edición, el lector podrá disfrutar de dos libros en uno: Cantos democráticos al General Morazán (publicado en 1944) y Antología de la poesía negra de Honduras (publicada en 1960).

La portada es, además, la misma que adornó las librerías hondureñas hace sesenta y cuatro años. Quisimos rescatarla del olvido para que los hondureños la conozcan.

La antología de Claudio Barrera sobre la poesía negra no ha sido superada hasta el día de hoy, lo que habla de la pasión y calidad que imprimía a cada uno de sus trabajos literarios.

Por primera vez, en un solo libro, Barrera reunió la poesía negra escrita por poetas extraordinarios como Daniel Laínez, Jorge Federico Travieso, Jacobo Cárcamo, Carlos Manuel Arita, Jesús Cornelio Rojas y Pompeyo del Valle, entre otros.

Muchas cosas han cambiado en Honduras desde que la Antología de Poesía Negra fue publicada, pero no por ello nos dejamos de estremecer con los versos escritos por Daniel Laínez:

> Marchas con paso firme hacia la muerte
> combatiendo al tirano y al verdugo.
> ¡No me explico por qué siendo tan fuerte
> nunca has podido sacudir el yugo!

O este poema de Carlos Manuel Arita:

> El negrito Juan José
> tiene hambre y tiene sé.
> Ha pasado muchos días
> sin comé y sin bebé.
> Se le saltan las costillas,
> se le pueden casi vé.
> Ya los ojos se le brincan
> de las ganas de comé
> y la cara tiene un rictus
> que revela el padecé.

En la segunda parte incluimos el libro Cantos democráticos al General Morazán.

"Morazán encarna simbólicamente el único camino del triunfo y para seguirlo tenemos que tomar los principios esenciales de la Unión, de la Justicia y de la Libertad", escribe Barrera en el prólogo.

Aunque son apenas cinco poemas, la maestría de Claudia Barrera queda demostrada una vez más en sus versos.

> Sangre de Gualcho.
> Sangre del Espíritu Santo.
> Sangre de La Trinidad.
> Sangre de Perulapán.
>
> Sangre hermana de América.
> América: Sangre de Morazán.

O estos otros sentidos versos, escritos con la certeza de que las ideas unionistas han germinado en tierra centroamericana:

> Tu ejército está en pie
> y por Ti se combate General Morazán.
> ¡General Morazán has triunfado!
> Hoy no eres solo Tú.

En lo personal, la espera valió la pena. Como profesional, es una satisfacción enorme.

Agradezco profundamente a la doctora Delfina Alemán por su generosidad, así como al resto de la familia del recordado escritor.

Ahora usted, querido lector… ¡Disfrute este libro y permita que retumbe en sus manos como un tambor garífuna!

ÓSCAR FLORES LÓPEZ
Editor Colección Erandique

POESÍA NEGRA EN HONDURAS

PRÓLOGO

HONDURAS es la cintura firme de Centro América. Bañada por dos mares y limitada por tres Repúblicas. Sus habitantes vienen de la antigua raza maya con el ligero pigmento negro de las costas...

Viajar por estas tierras tropicales donde la vegetación es una sinfonía del color y de la línea, es el deleite más extraordinario que se puede desear. Los pájaros de plumas de fuego, las flores de pétalos de oro y las hojas de colores fantásticos dan la sensación de una página de las Mil y Una Noches en medio de la América Central.

HONDURAS es un país pequeño, pintado por el milagroso pincel de la Naturaleza, en el lienzo más dulce del continente. Es un retazo lírico, donde el colorido gris de la montaña, enmarca la apacible belleza colonial de la provincia, donde se oyen con singular encanto las campanas sonoras de la iglesia...

Es la región armoniosa de las tierras vírgenes y salvajes, donde vive el puma y el barba amarilla, donde crece la orquídea y anida el quetzal y la oropéndola... Es la tierra de los macuelizos floridos, de las llanuras verdes cruzadas por caminos y venados salvajes y rústicas acémilas que llevan y traen ese sabor nativo de la campiña fértil...

Cuando amanece, en cualquier parcela hondureña, el sol se encarga de tejer una telaraña mágica sobre la rosada teja de las casas y va iluminando el horizonte con cintas fantásticas, que dan la sensación de una paleta enloquecida de arte, de algún pintor en éxtasis de sueños... Los viejos y blancos caminos se retuercen de espera, bajo los pinares siempre esbeltos y corren llenos de hojas, hacia las plazas rústicas donde crece el enorme y centenario ceibo que abanica y embellece el poblado...

El paso lento de los años, deja su manto oscuro sobre la cal de las paredes y en los patios adornados de buganvilias y limoneros, algún antiguo banco espera la patriarcal figura del anciano que cuenta la leyenda de la novia del duende, que huyó con él, por la invisible senda de los vientos...

Pero tras ese encanto rústico y montesino, existe la exuberante tierra cultivada que da fuerza a un pueblo —mezcla de indio y de español— que siembra, cosecha y progresa... Un pueblo que vive

—como dijo el maestro Heliodoro Valle— enmarcado en una incomparable geografía poética...

La HONDURAS primaveral, hecha en la fantasía de la Naturaleza, donde la canción de las montañas baja lenta a las quebradas, adornadas de helechos y de espumas y corre y circunda el bullicio de las ciudades que comienzan a despertar en un afán frenético de civilización...

De la montaña agreste, bárbara y despiadada, baja hasta el mar la fascinante sonoridad de una raza distinta, hecha de ébano, de maleza y carey. La raza milenaria de los negros, que vinieron a los cañaverales antillanos, a exprimir el dulce jugo de las siembras, y a enriquecer piratas y a humedecer de lágrimas la tierra...

Los negros tímidos y buenos que arrastraron la cadena de la esclavitud por mucho tiempo y se desparramaron por las costas de HONDURAS, para vivir la nostalgia de algún dios africano. Los negros misteriosos que traían el fuego ecuatorial en sus venas y danzaban a la orilla del mar, llenos de caracoles y tambores siniestros...

Estas son las canciones que han nacido bajo el embrujo de una raza humillada y sufrida, que a pesar de los siglos, bajo las sombras de las palmas, celebra el rito bárbaro, sobre la arena blanca de las playas...

Es la expresión folklórica de una raza.

No la expresión poética del negro, sino la exclamación del poeta, frente a la dimensión humana y espiritual del negro. Es la figura de ébano enmarcada en la literatura nacional. Es el ritmo del tambor y las maracas en la vida cotidiana y somnolienta de los caribales. La danza y el melancólico son de las canciones tradicionales, lúgubres y sentimentales, que tienen algo de África y algo misterioso que vaga impenitente bajo los cocoteros...

Yo, que me he extasiado frente a la maravilla de los atardeceres en las playas del Norte y he visto con asombro la danza sugestiva del YANCUNU, con sus canciones tristes y legendarias, no he resistido al deseo de reunir estos poemas negroides y formar un volumen útil y necesario en la literatura nacional.

Es la fiesta de Navidad, cuando ellos se visten de conchas y caracoles. Es el ronco son del sacabuche que clama bajo los cocoteros.

Es el rústico tambor que hace vibrar el golpe, de las manos epilépticas y enloquece las caderas, las rodillas y los pies...

Es el ancestro oscuro de una raza que ha plantado sus tiendas en el exilio lírico de los cocales hondureños. La raza de los caribes que viven junto al mar, en casas limpias de tierra y de palmas, con sus mujeres de carbón, de largas enaguas a cuadros, el pañuelo rojo en la cabeza y sus canastos de casabe y de hicacos... Los negros, como una pincelada de hollín en lo blanco de la playa, extienden sus chinchorros en la arena, como telarañas gigantescas.

Son las siluetas al crayón de los que esperan en el muelle la llegada del barco... De los que frente al cristal verde—azul de las aguas, tiran su curricán, esperando que piquen la curvina o el jurel y luego, por las noches, cargan el vientre alquitranado de los trenes con millones de tallos de banano...

Este libro ha nacido al calor de esta raza humilde, pobre y buena que tiene sus costumbres, sus ambiciones y sus alegrías frente al mar, pero que día a día, va creciendo y se va internando en las ciudades y por las serranías y por los caminos del mundo, buscando su destino...

Ya no es solamente la canción melancólica de una raza oprimida, con el aliento nostálgico de un dios abandonado en un rincón del África. Ya no es el rito musical y salvaje. Ya no es el llanto sobre el barniz nocturno de su piel, sino el coraje y la protesta por su absurda posición de humanos frente a la cruel incertidumbre de los necios.

Este libro, que encierra la producción mejor de nuestros poetas, sobre el fascinante tema de los hombres de color, es un rico filón folklórico que damos a conocer, por vez primera, en la bibliografía nacional.

Es un aporte, que lleva el sentimiento de un pedazo de nuestro pueblo, que vive arrullado por el mar, trabajando duramente en su parcela humilde, creando el nuevo concepto de la raza, y cultivando sus nobles sentimientos de hondureñidad a través de su piel fina, obscura, adolorida y triste...

Es el homenaje de los poetas hondureños a los hermanos de la raza negra.

Claudio Barrera

LA DANZA CARIBE DEL YANCUNÚ

Por CLAUDIO BARRERA

Zumba la cumba del Yancunú
caribe danza,
danza africana,
ritmo del viejo rito vudú.

Camasque cría sus negros zambos.
Zambas que danzan al son del tun.
Suda que brinca,
brinca que suda,
mientras trepidan por las rodillas
los caracoles del Yancunú.

Tun y tun tun
van repitiendo.
Y el zambo zumba su bombo ronco
como eco recio del africano
rito pagano,
rito vudú.
África grita,
tiembla y trepita:
Tun y tun tun...

Los negros zumban junto a sus bombos.
Danzan y sudan
zambas y zambos
entre el escándalo del Yancunú.

Oh, dios rabioso,
que tumba y zumba,
tienes el alma de un misterioso
temblor pagano con su tabú.

Rito africano
que allá en Camasque
tiene el desastre
de las marinas conchas rosadas
del Yancunú.

Tun y tun tun
van repitiendo.
Y el mar contesta de tumbo a tumbo
la misma música de Tumbuctú
y entre la playa se ve lo negro
del rito orático del tun y tun...

Los cocos silban despavoridos
al ver la danza del Yancunú,
mientras contestan los hicacales
el ronco acento del tun... tun... tun...

BAILONGO

Por CLAUDIO BARRERA

Que alegre que el negro danza
sobre la arena del mar!
Lo acompaña una esperanza
y además,
un sacabuche de cuero
que al vaivén de un cocotero
le va marcando el compás:
Chiqui...chás.Chiqui...chás.
Le va marcando el compás.

Retumba el tumbo de la ola
sobre el cuero del bongó.
Enhebra la pita negra
que el coco ya se ahuecó.
Si nadie baila con ella,
dejen que la baile yo!
Qué alegres están los negros
sobre la playa del mar.
Y dos blancos marineros
los quieren acompañar.
Los hicacos de la playa
ya empiezan a azucarar
y un cayuco boca abajo
se oye que ronca. . . plas. . . plas. . .

Qué temblor en las caderas
ha puesto el negro al danzar
y la negra bullanguera,
talle de palmera real,
canta bajo un cocotero
y un sacabuche de cuero
Le va marcando el compás.
Chiqui...chás. Chiqui...chás.
Enhebra la pita negra
que el coco ya se ahuecó.

Si nadie baila con ella,
dejen que la baile yo!

El mar se ha vuelto una orquesta
y está el caribal en fiesta
como en el agua está el pez.
Hoy quiebras los caracoles,
negra,
de la cadera a los pies.

EL SON EN PUERTO LIMÓN

Por CLAUDIO BARRERA

Música, danza y el son,
bailan en Puerto Limón
ritmos de fiebre y carbón.

Los negros llenos de sal
sudando le dan al son
un ritmo muy especial.

Están locos en Limón
retorciéndose al danzar.

Es una danza de negros
—humo, mujeres y alcohol—
un olor de los infiernos
—relámpagos de charol—
gritos de negras borrachas
alaridos del trombón.
Una negra retorcida
va apretando más el son.
Se le escapa la cintura
con un extraño rubor
y un negro desencajado
la aprieta a su corazón.

Están locos en Limón
retorciéndose al danzar.

En los Baños canta el mar
una orática canción,
y los negros al danzar
tienen la fiebre del son.

"Ay, mama Inés,
Ay, mama Inés,
Todos los negros tomamos café".

Y alza por los dedos finos
de una mano de carbón,
el ámbar de la cerveza
y la canela del ron.

Y una mulata al pasar
muestra los dientes más blancos
que dos terrones de sal.

"Se va el caimán,
se va el caimán,
se va para Barranquilla".

Y gritan negros borrachos
—humo, mujeres y alcohol—
y se embadurna la noche
con siluetas de charol.

Cinturas que se golpean.
Manos crispadas al son...
senos al viento, parados
como dos copas de ron.

Los ojos casi brotados,
las piernas en la flexión
vibran, como alambres rotos
de una vieja instalación.

Música y fiebre en el bar.
Como un diástole el bongó.
Como un grito el saxofón,
como una lluvia el tambor.
Sigue y sigue y sigue más,
porque: la danza es así;
locura, fiebre y carbón.

Están locos en Limón
—humo, mujeres y alcohol—
y una danza de charol
se va retorciendo al son.

Los borrachos en el bar
van gritando una canción
y hasta el mar, el mar, el mar...
los acompaña en el son.

Están locos en Limón
retorciéndose al danzar.

ZAMBOS DE LA MOSQUITIA
(FRAGMENTO)

Por CLAUDIO BARRERA

Zambo de Sirsitara o de Yamanta,
con piñas del Patuca
y naranjas de Auka,
quemado por los soles del Atlántico,
con tu silueta triste de crayón azorado
que vas y vienes, tímido en la playa
por la parcela rústica del mísero cercado.

Vienes en los pipantes
delgados y pajizos
—como finos caimanes vegetales
que hicieran su nidal en el Guarunta—
Zambos de Paptalaya
con sus sandías dulces,
sus guayabas rosadas
y sus mangos de azúcar.

Zambo de La Mosquitia,
Zambo raído, triste y enfermizo
que a tientas vas sobre tu propia tierra.
Es necesario que tu raza sepa
que en tu dolor inmenso de olvidado,
que en tu desolación y tu miseria,
está un rincón de Honduras,
un pedazo sagrado de la Patria,
que tiene igual derecho a sus estrellas,
a sus montañas y a sus esperanzas.
Zambo de La Mosquitia
de piel quemada y de sonrisa oscura
que vives como paria,
perdido en la llanura,
bajo los mazapanes, los lirios y las garzas.

Te incorporo a mi canto
con devoción patriótica,
como si el llanto que en silencio llevas
corriera en estos versos.
Como si tu existencia atormentada
palpitara en mis voces,
como si el abandono que soportas
se concretara en gritos
de clamor y protesta.

Ya tú eres ciudadano de una nación pequeña
que comienza a ser grande.
Ya tu sangre se mezcla a nuestra historia
desde Gracias a Dios hasta el Motagua.
Tú eres obrero y eres campesino,
y como un centinela silencioso,
vigilas frente al mar la soberana
presencia del destino.

Zambo de La Mosquitia,
tu hora ha sonado
en la frontera exacta de la Patria.
Oye este canto cívico que eleva
un reclamo de amor y de esperanza,
un grito al porvenir que se desprende
desde tu propia vida, rescatada.

CANTO A LA RUMBERA PORTEÑA

Por DANIEL LAÍNEZ

Serpentina,
serpenteante,
negra carne,
loco son;
al retorcerte jadeante
pienso en un mal torturante
que olvidó la inquisición...

Tu cuerpo,
real sandunguera
—del jazz en la honda balumba—
zumba
y retumba
en la rumba,
como una grácil palmera.

Serpentina,
serpenteante,
negra carne,
loco son,
la maraca alucinante
llora al par del saxofón.

Al volar tus leves faldas,
mis instintos definidos
gimen y vagan perdidos
en el va—i—ven de tus nalgas.
Ardiente negra rumbera
—trasunto fiel de tu raza—
el piso que pisas pasa
crujiendo la noche entera.
Serpentina,
serpenteante,

negra carne,
loco son,
al retorcerte jadeante
pienso en un mal torturante
que olvidó la inquisición.

NEGRO ESCLAVO

Por DANIEL LAÍNEZ

Lloras amargamente... Resignadamente,
llorando vas tu propia cobardía;
siglos y siglos sin alzar la frente,
siglos y siglos sin mirar el día.

No llores infeliz que no es con llanto
cómo se logra reventar cadenas;
el hondo clamorear de tu quebranto
no hace otra cosa que aumentar tus penas.

Marchas con paso firme hacia la muerte
combatiendo al tirano y al verdugo.
¡No me explico por qué siendo tan fuerte
nunca has podido sacudir el yugo!

Por tu alto ancestro servicial y franco
tu regia estirpe a tu existir reintegro:
¡Negro: vieras tu corazón cómo es de blanco!
¡Blanco: vieras tu corazón cómo es de negro!

¿POR QUÉ?

Por DANIEL LAÍNEZ

¿Por qué
con tu color
te sientes inferior,
Negro José?
No hay por qué.

Tu color no es hoy una barrera...
Todos luchamos en la misma trinchera
y bajo la misma bandera
de la libertad...

Tú eres igual al blanco y quizá mejor
del que se llame Rockefeller o Henry Ford.

Tu color no implica humillación...
No hay razón.

¿Por qué por tu color
te sientes inferior,
Negro José?
¿Por qué?

Negro de piel de charol,
levanta tu frente al sol,
no te sientas inferior
por tu color,
Negro José.
No hay por qué.

NOCHE DE RUMBA

Por JORGE FEDERICO TRAVIESO

¡La rumba, mi vida, la rumba!
¿Te acuerdas?
Qué recatadita que estabas
la noche que te conocí.
¿Bailamos? —Te dije.
Bailamos —Dijiste.
Tu mamá fumaba con gesto de artista
y en medio del humo también dijo: ¡Sí!

Las luces tantito quedaron dormidas.
Las maracas zumbaron de pronto,
inició la clave las vueltas del son,
el tambor se empezó a poner loco
y un negro muy alto, cabeza de coco,
gritaba algo de que se casaba
la Negra Leonó...

Se te fueron poniendo los ojos
dos platos de noche llenitos de sol.

Te fuiste pegando de modo
que no respirabas
y el compás repicaba en tus senos
a los golpes de mi corazón.

Y la rumba seguía creciendo:
besos a escondidas. Locura. Bongó.
El cemento brotaba palmeras
y mi mano sintió tus caderas
y hasta allí llegaban claritos
los repiques de mi corazón.

Qué tenía la rumba y el negro?
Qué tenía la negra Leonó?
Qué tenía mi vida por dentro?

Que tengo mi pecho tatuado
con unos dibujos que no sé qué son?

¿Qué tenían las luces dormidas?
¿Qué se te asomaba?
¿Qué se te perdió?

¿Qué tenía tu madre, mi vida?
Que cuando volvimos y vio mi expresión,
apagó el cigarrillo en seguida,
me plantó los anteojos encima
y contigo se fue del salón.

MULATAS DE LAS ISLAS

Por JORGE FEDERICO TRAVIESO

Mulatas de las islas...
Corazón resalado de peñazco
con gaviotas en todos los confines,
corazón fuerte,
fuerte de resacas
que azotan con sus látigos de espuma envueltos en sal.
Corazón con mareas,
con palmeras,
con plenilunios,
con azul...

Mulatas de las Islas...
Almas en alta mar sobre el naufragio.
Présbitas en afán de lejanías
y locas en el ritus de la espera.
Solas,
con la soledad de pájaro marino
parado sobre el mástil,
y serenas,
con la serenidad del agua muerta
que tiene voz para arrullar manglares sin moverse.

Tú me hubieras amado... Mulata.
Un mes, quizá,
y un día... Y unas horas...
Pero nunca después,
y yo te habría amado, muchacha,
mientras no se extinguieran en tu boca
aquellos nombres bárbaros:
Roatán, Guanaja, Utila,
que me hacían sentir
pirata de tu cuerpo
mientras te me ofrecías desnuda como el mar.

Todos en lejanía y tú conmigo
y al olvidarme vuelta a tus ensueños,
a los barcos que no te recordaban,
a los barcos de gin y de cerveza,
de hombres borrachos y mujeres altas,
vuelta a tus ensueños a las olas;
tú naciste sin anclas.

Mulatas de las Islas...
Huracán de tristeza en las palmeras.
Brisa del trébol verde sobre el pelo.
Sobre los hombros y en los senos altos,
cuerpos de buganvilia florecida
huérfana de semilla y de esperanza.

Mulatas de las Islas...
Cuánto te habría amado!
Quizá toda la vida bajo la noche clara
si hubiera sido eterna nuestra noche,
tan íntima, tan cálida.
cuánto te habría amado!
Mas tú amas sobre el mar.
Tú, inestable.
Amas sobre la cresta de las olas
que besan las arenas nada más.

Perla en mi corazón aquella noche.
Perla en tu corazón tú lo juraste.
Tú a través de los vientos.
Sobre rutas amargas.
Yo, buscando otras bocas
que recuerden la tuya
o no recuerden nada.

Los dos con caracoles en el pecho.
Con alas de pelícano en la espalda,
los dos bajo la luna entre palmeras,
como dos anclas rotas en el mar.

CANCIÓN NEGROIDE

Por JACOBO CÁRCAMO

Si los negros
ríen, ríen.
Si los negros
tocan, tocan.
Si los negros
bailan, bailan,
con esa risa tan triste,
y ese ritmo tan amargo
y esa cumbia tan doliente...

Y si en la noche repleta
de yodo, luna y licor,
sus bocas parecen finas
maracas de truenos blancos entre valvas de carbón;
y sus manos,
golondrinas achatadas
haciendo nido de estrépito sobre la piel del tambor;
y sus cuerpos son cual círculos de tinieblas epilépticas
o corros de focas locas.

Sí los negros
ríen, ríen.
Si los negros
tocan, tocan.
Si los negros
bailan, bailan,
es porque con el ruido
de su risa, de su zamba y el temblor de su tambor
pretenden ahogar el hondo rugido de su dolor...
Y sobre todas las playas
y a través de muchos siglos,
los negros ríen
y tocan,
los negros tocan
y bailan.

EL BARDO NEGRO

Por JACOBO CÁRCAMO

Él era un pobre bardo, desgarrado y sumiso,
que dormía en el césped recibiendo el sereno;
era negra su mano, pero de aquella mano
surgían versos blancos al golpe del deseo.

Él era un pobre bardo desgarrado y sumiso,
que dormía en el césped recibiendo el sereno;
tenía sucio el pecho, pero en su pecho sucio,
dormía quieto y puro su corazón benévolo.

Él era un pobre bardo desgarrado y sumiso,
que dormía en el césped recibiendo el sereno;
su piel estaba bruna, su cabellera, loca.
¡Era muy negro el hombre, pero muy blanco el verso!

CANTO A PAUL ROBESON

Por JACOBO CÁRCAMO

Desde el hueco de tu árbol nocturno...
Desde tu columna de charol...
Desde tu corazón de azabache melifluo...
Desde tu estatua de carbón erguido...
Desde el fondo de ti nos habla Lincoln.
Lincoln oye en el radio de los siglos
tu voz de humano trueno.
De volcán dirigido por turbinas sonoras...
De mar disciplinado...
De selva dominada
naciendo,
creciendo,
subiendo por el dulce cañón de tu garganta.
Gloria a tu voz de grave acento
que se prende en la tierra y en el tiempo
como hiedra de acero..
Gloria a tus ojos nubios
que acribillan de luces al futuro..
Vivan tus hermanos, estos negros de América,
que yacen en las playas miserables
como esperando irse o pensando quedarse...
Vivan los negros de Harlem!
Vivan los negros de las Antillas
que echan a andar su río de justicia
sobre Wall Street,
sobre Inglaterra,
sobre todo el bursátil azogue imperialista,
porque eres como un rojo eco de libertad.
Porque eres el moreno caracol de tu raza.
Porque bajo los cielos de tus uñas
laten bellas mañanas...
Porque en tu canto surgen hombres
y se sienten banderas
y se perciben armas...
"Negro" te llaman los del alma negra.

"Negro" te dicen en Nueva York
los que discriminan tu color
pero que en copa de oro se beben tu sudor.
Que pinten los pianos de blanco...
Que descoloren las tempestades...
Que borren letras y pentagramas...
Que clausuren las trenzas indias
y manden a lavar las golondrinas.
Tú seguirás en tu atalaya negra
floreciendo laureles guturales...
Crucificando al viento con gárrulo espadín.
Predicando luceros
y señalando al déspota con tu dedo de hollín.
Seguirás con tu alma de paloma melódica...
Seguirás con el alba reluciente
de tu fina esclerótica,
y el perfil, ya divino, de tus dientes.
Y es que un día, Paul Robeson,
agitarán tus cantos sus abanicos hondos...
Se alzarán tus dos manos como endrinas magnolias
y en las claras bahías de tus ojos
anclará la justicia su bajel.
Y brotarán, Paul Robeson, mil estrellas
en la apretada noche de tu piel.

EL NEGRO MR. BROWN

Por MARTÍN PAZ

Taja
el balcón
por la cintura
el negro Mr. Brown.

Y se asoma sonriendo su figura
que es un bien acabado estudio al carbón.

El sol se ha puesto,
y el negro Mr. Brown
es sólo esto:
Los dientes, porcelana. La epidermis, charol.

Sueña y espera
y rumia una ilusión.
Ni sospecha siquiera;
la noche va a borrarlo de golpe en el balcón.

CARINGA

(Fragmento de "Pantomima de Carnaval").

Por JOSÉ ROY CASTRO

La negra mandinga
que salta y respinga
baila una caringa
bañada en sudor.
Y agudo diptongo
de un cafre del Congo
pregona un rezongo
desde un mirador.

Manduca un ajiaco
y hace un arrumaco
un negro bellaco
bebido de ron...
Y un cuerno de exordio
con un clavicordio
plañe un eufrocordio
de ululante son...

La luna borracha
se curva y agacha
como una muchacha
bailando un minué,
la ardiente mulata
mirada de gata
luce un escarlata
mantón de crepé.

Un pobre mulato
cabeza de gato
se hace un garabato
tocando el bongó...
La negra patanga
que come malanga

hace mojiganga
vestida de gró.

Un turista loco
se bebe en un coco
el mar, con un poco
de brandy y de gin
y un grillo amarillo
afila un cuchillo
con el estribillo
de un terco violín.

De pronto la noche
que llega en un coche
dibuja en derroche
sombras en carbón...
Y el mar encrespado
murió asesinado
y está amortajado
dentro de un cajón.

MARÍA ENECÓN

Por JESÚS CORNELIO ROJAS AGUILUZ

Es tan deslumbrante María Enecón
con su columpiante cuerpo de betún,
que se ganaría por aclamación
todos los reinados en el Camerún.

Cuando va en la calle se convierte en un
ritmo que acompasa su fino tacón,
y sólo el pigmento tiene ella en común
con las otras negras de Chamelecón.

Garbosa, inquietante y oliente a bay run
y con sus caderas declamando un
poema afro—cubano de ardiente vaivén,

llegó al laberinto de mi inspiración.
Cómo te recuerdo María Enecón
porque tú llenaste mis sueños también.

DANZA NEGRA

Por JESÚS CORNELIO ROJAS AGUILUZ

Usu murúsunu dúnanu,
musumba, tumbúctu, taranfangana,
cocón y corococón,
tana talambangana,
la danza, danza africana,
desde la mera mañana
se retuerce en el salón,
tombón y tolón bombón,
tombón y tolón bombón.

Zumba que zumba la rumba,
tumbalalá... tumbalalá...
Zumba el fermento en la cumba, cumbalalá... cumbalalá...
La danza, danza africana,
tana talambangana
la baila con toda gana
el pobre negro Simón,
Tombón y tolón bombón...
Tombón y tolón bombón...

¿De dónde Simón tu fuerza
para tanta agitación,
si hace veinte años te chupa
la pobre sangre el patrón?
Ay, Simón, no bailes tanto
que estás muy flaco, Simón.
Tus pobres carnes quedaron
en el plato del patrón.

No bailes que estás muy flaco
como rama de bambú;
tus carnes que eran muy tuyas
para los tuyos y tú,
se te quedaron, Simón,
en el plato del patrón.

Musumba, tumbúctu, taranfangana,
cocón y corococón,
tana talambangana,
la danza, danza africana
toma giros de ciclón.
Tombón y tolón bombón.
Tombón y tolón bombón.

Bananas, casabe y coco
por toda alimentación.
No te va aguantar el cuerpo
semejante agitación.
No bailes, Simón, no bailes,
ya no bailes más, Simón.
No te va aguantar el cuerpo
semejante agitación.

Escucha, songo, cosongo.
Songo, cosongo, cosón.
Qué tonto que suena el bombo,
qué tonto suena, Simón!
Pongo que pongo que pon.
Pongo que pongo que pon.
Suena que suena sonando,
sonando sin ton ni son.

Que suene duro ese bombo,
que suene duro, Simón,
pero el día en que tu raza
consiga su redención.
Que suene duro, que suene,
que suene duro, Simón,
cuando tu raza se coma
el pan sin humillación;
pero ahora no, que no,
pero ahora no, que no,
pero ahora no, Simón,
que tu coco y tu casabe
aun saben a humillación.

Suena que suena que suena,
suena que suena que suena,
esa danza es una pena
que grita y hace explosión.
Llanto de raza morena
que usurpa una playa ajena.
Llanto de raza morena
que suaviza su condena
con el monótono son.
Tombón y tolón bombón...
Tombón y tolón bombón...

Ya no bailes la macumba,
ya no la bailes, Simón.
Que en ese ciclón que zumba,
le estás abriendo la tumba
a tu propia redención.

Tienes, negro, que estar fuerte!
Para buscar mejor suerte
precisas ser fortachón.
Y en esa loca balumba
de la zamba y el candombe,
de la rumba y la macumba,
te estás gastando, Simón,
te estás gastando, Simón.

Musumba, tumbúctu, taranfangana...
Cocón y corococón...
Tana talambangana...
La danza, danza africana,
sigue girando inhumana
en espiral de ciclón.
Tombón y tolón bombón...
Tombón y tolón bombón...

BULULÚ

Por JESÚS CORNELIO ROJAS AGUILUZ

En un tablado barroco
bailó el negro Bululú,
y en otros más, como loco,
bailó el negro Bululú,
y entró donde no entras tú,
negra Damiana Albizú.
Sonó su nombre, sonó,
sonó el negro Bululú,
su nombre agudo saltó
la valla de las fronteras;
sonó el negro Bululú
como no has sonado tú,
a pesar de tus caderas,
negra Damiana Albizú.

En tanto en el morenal,
donde él no suena ni poco,
Bululú mastica el coco
de un hambre bilateral.
Su salto descomunal
no le da ningún calambre,
lo que le importa es el hambre
que en su raza es ancestral.

Ciudadano Bululú
que llevas el calzón roto,
tú y la Damiana Albizú
ya tienen derecho al voto.
Ya tienen derecho al voto
tú y la Damiana Albizú,
a pesar del calzón roto
y la choza de bambú.

Ay, Bululú, Bululú!
ya entraste a politiquero,
mas lo que ambicionas tú
es un poco de dinero.
Ciudadano Bululú,
se han olvidado de ti,
y sólo has sonado tú
cuando ha convenido así.

Pero hoy mientras echas siesta
debajo del palmeral,
arrullado por la orquesta
de tu hambre tradicional,
la verdad está de fiesta
en libre cañaveral.
Allí está tu raza enhiesta
y en la voz del bombo escribe
su mensaje de protesta.
Suena el bombo en el Caribe
y el bombo suena en Natal,
suena que suena, inclusive
en territorio imperial
y su dun dun se percibe
de Little Rock al Transvaal.

Ciudadano Bululú,
ya no serás hombre ignoto,
mañana tú serás tú.
Y cuando emitas tu voto
con la Damiana Albizú,
será en libertad, sin coto.
y no habrá más calzón roto
ni más choza de bambú.

LOCO SON

Por *JESÚS CORNELIO ROJAS AGUILUZ*

Baila, negra sandunguera,
que se mueva tu cadera
como espiral de ciclón,
quiero que se lleve el viento
de tu raudo movimiento
la negra pena que siento
clavada en el corazón.

Danza, Negra, danza, danza,
que al verte danzar, descansa
mi corazón de penar...
Dale que dale, ligero!
Ligero, así, sin parar.
Dale que dale, ligero,
ligero, Negra, ligero,
más ligero, más ligero,
como si fueras ciclón.
Que se apague mi lamento,
que lo asesine el violento
grito con que azota al viento
el histérico trombón.

Desde el trampolín sudado
del charol de tus caderas
que salte, desvertebrado,
por sobre tus posaderas,
el soplido maromero
que ha de llevarse en seguida
este agudo dolor fiero
que ya hizo casa en mi vida.

Baila, negra sandunguera,
tu danza tamborilera,
y que gima la madera
al son de tu machucar.

Sube y baja tus esferas
de turgencias faroleras
como en loco malabar.
Malabar, malabarderas,
negras lunas maromeras
tus cuatro firmes esferas
que juegan al malabar.
Ay, malabar, malabar,
malabar, malabardero.
Baila, que debo olvidar
que ya no puedo volar
con las alas que yo quiero.

Dale que dale ligero,
ligero, Negra, ligero,
más ligero, más ligero,
así, Negra, así, así,
enroscada al frenesí
del histérico trombón.
Dale que dale que dale,
dale que dale que dale,
raudo huracán de carbón.

Que mi corazón se empache,
fiera Venus de Azabache
con tu continuo bailar.
El ron de tu danza loca
negra de bembuda boca,
pueden hacerme olvidar.
Y este añejo ron de Cuba
—alma del cañaveral—
como el de tu danza, suba,
africana flor del mal,
hasta mi alma ensombrecida
por una dicha perdida.
Y ponle tú, de escalera,
tu sudorosa cadera
salvaje negra fatal.

Danza, Negra, danza, danza,
danza Negra el loco son.
Y que se enreden mis males
en las raudas espirales
de tu danza de ciclón.

CARAMBA, NEGRO ZAMBOMBO

Por JESÚS CORNELIO ROJAS AGUILUZ

Caramba, negro zambombo,
se ve que no eres de ñeque,
tan pronto escuchaste el bombo
te marchaste al zarambeque
a bailar el corosongo.

Caramba, negro neneque,
taimado negro bembón,
no puedes ponerle breque
a tu ancestral afición
de ponerte en rotación
tan pronto inicia el trombón
la tromba del zarambeque.

Ay, negro, negro neneque,
ay, negro sin ambición,
mientras en tu sindicato
se escucha el terrible son:
"más salario y mejor trato"
tú al chis chás de las maracas
y al sini qui sini songo,
puyas el salón oblongo
con tus largas piernas flacas,
loca mancuerna de estacas
que te trajeron del Congo.
Y sini qui sini songo
y chis, que te chis chis chis,
solamente el corosongo
te pone el alma feliz.

Pero no, que no, que no,
pero no, que no, que no.
No Chano, que no, que no.
No todo ha de ser bongó
ni zumbar de piernas flacas;
no todo ha de ser maracas
ni plácata placa pló,
hay algo más, algo más
que el chis que te chis chis chás
y el bramido del trombón,
hay algo más, algo más
y es Chano, tu redención.

Vuelve negro zangandongo,
al otro salón oblongo
que abandonaste hace un rato,
que allí está tu sindicato
sonando el terrible son:
"más salario y mejor trato",
un son que no suena grato
a la oreja del patrón.

Vuelve, negro, al sindicato
que allí está tu redención.

CANCIÓN DEL ABOLENGO

POR CONSTANTINO SUASNÁVAR

Sangre de África pura, sangre musical del sol!
Sangre de Jafet, de Alí, de Sullivan..
Con la sangre de Amel y de Harun Al Raschid,
con la sangre de Abec y de Ab—Del—Krim...

Paso al poeta negro, vestido de blanco.

Sangre de Sulamita y de Corsea,
de Corsea, la Madre del dolor...
Sangre de Sulamita, la más sabia.
Maestra del Sabio Salomón.

Paso al poeta negro, vestido de blanco.

Sangre de Bug—Jargal y de Perinklo.
Sangre de Tarfe que no pudo amar.
Sangre mía tan vieja como el mundo.
Sangre que eternamente vivirá...

Paso al poeta negro, vestido de blanco.

EL NEGRO JOSÉ

POR CARLOS MANUEL ARITA

El negrito Juan José
tiene hambre y tiene sé.
Ha pasado muchos días
sin comé y sin bebé.
Se le saltan las costillas,
se le pueden casi vé.
Ya los ojos se le brincan
de las ganas de comé
y la cara tiene un rictus
que revela el padecé.
Todo exangüe está tu cuerpo
de la frente hasta los pies,
y se mira ya en su rostro
prematura la vejé...
Oh, qué bien a él le vendría
una libra e carne e ré.

El negrito Juan José
tiene hambre y tiene sé,
pero en medio de su pena
aun alegre se le vé,
y al pasar un chancho gordo
con sus ojos grita: Olé!
y sus dientes tastacean
ante un plato de puré...
y glu... glu... le hace hasta el buche
ante un jarro de café.
Tiene hambre y tiene sé
el negrito Juan José.

Al negrito Juan José
en el aire se le vé.
Más flaquito que un tirante
al andar baila un minué.
Hoy la vida es hosca y dura

y un "tostón" nunca lo vé.
Los "lempiras" se acabaron.
Sí, señor, créalo usté.
Los negritos están tristes,
pues no tienen que comé.

Por la calle va pasando
el negrito Juan José
y la gente de su barrio
si lo ve ya no lo cré,
porque dice un viejo gordo,
con camisa de piqué,
que de tantas privaciones
el negrito Juan José
ha aprendido a no comé.

El negrito Juan José
tiene hambre y tiene sé.
Quién le diera un bocadito,
no digamos de bisté,
aunque fuera una tortilla
untadita de conqué
porque negro que no come
cambia de color despué.

GUITARRA

POR POMPEYO DEL VALLE

Guitarra:
Di me tu larga pena,
suena en la noche, suena
bajo la luna amarilla,
la terca luna que brilla
sobre del agua serena.

¡Suena, guitarra!

El tedio nos moja el alma
con una espuma salobre,
y la pobre alma, la pobre
se angustia bajo la palma
que se levanta en la calma
bajo los astros de cobre.

¡Suena, guitarra!

La sombra es negra. Yo negro,
tú eres mulata, guitarra.
Trasnochas con la cigarra
y yo contigo me alegro.

¡Suena, guitarra!

Clava tu dardo profundo
sobre mi pecho sombrío,
mientras con llanto sonrío
sobre el Sahara del mundo.

¡Suena, guitarra!
Que tú has de ser para mí
como yo para ti soy.
Mira que llorando estoy
la libertad que perdí.

¡Suena, guitarra!

Suena en la noche, suena,
que cantar no es un tabú.
Ni en Jamaica y Tumbuctú
se ha inventado una cadena
para impedirnos que tú
nos acompañes la pena.

¡Suena, guitarra! Suena.

CENIZA DE EMILIO BALLAGAS

Por POMPEYO DEL VALLE

Los negros bajo del cielo
entre solares y llamas
hablando barcos y arena
soñaban peces del alba.

La Virgen de Caridad
como una ninfa del agua
abría sobre las olas
sus abanicos de plata.

Pandora, loca y sin ojos,
con un halcón a la espalda
huía—corza divina—
entre el furor de las cañas.

La Virgen de Caridad
entonces, que la miraba,
gemía con la dulzura
inútil de su palabra.

—Pandora, mi triste niña,
cintura de concha nácar.
aunque llorara mil años
no te hallarían mis lágrimas.

—Ay, virgen, Reina del Mar,
gaviota azul de las playas,
volando sobre mi frente
se abre el compás de dos garras.

Los negros bajo del cielo
quebraban su risa amarga
en medio de las pulseras
campesinas de su danza.

La muerte vino a la hoguera
redonda de las maracas
repitiendo la ceniza
de las crines de su jaca.

La Virgen de Caridad
inmóvil dentro del agua
se fue borrando los labios
con un silencio de escarcha.

Pandora se hizo un rumor
ardiente como una brasa
que fue apagando el laurel
de la llanura salada.

¡Y por las simas terribles
y ocultas de fría zafra
se vio relucir el último
perfil de Emilio Ballagas![1]

---

[1] Poeta y ensayista cubano nacido el 7 de noviembre en Camagüey. Falleció el 11 de septiembre de 1954. Considerado el precursor de la poesía negra en América.

LA FIESTA DE SAN JUAN

POR RAÚL ARTURO PAGOAGA

Baila el negro de Cristales
en la fiesta de San Juan.
Pasa la danza caribe
por las calles, frente al mar.
Baja de los caribales
con un tun tun de tambores
Alboroto de colores
deja la danza al pasar,
y se oye el canto que va
del tambor al cucutá.

Sus cuerpos saltan de gozo
Yamanuga! Cucutá!
San Juan los llama sus congos
que son peces de alquitrán.

Negro, tambor y bambú.
Señor de la danza negra.
Negro que danza en Trujillo
y grita en una honda U…
Y gruñe diciendo "millo"
Negro, tambor y bambú.

La gran fiesta de San Juan
trajeada de roja seda,
va corriendo las calles
para cambiar por la danza
el brillo de una moneda.

Negro, tambor y bambú,
que va con su cumba ronca
ardiedo maraca al son
por espantar el tabú
que lleva en el corazón.
¡Negro, tambor y bambú!

Es la fiesta de San Juan
que viene del caribal.
¡Señorón del cucutá!
Señor del casabe y pan
que bajo el sol de Trujillo
bailando están,
bailando están.

Y baila, bailando, baila,
con su ritmo de betún,
morenero de Cristales,
barracones de bambú.
Suena el tambor y la cumba,
las maracas epilépticas
y el grito hueco de la A...
Y se rompe el medio día
frente al espejo del mar,
una ronca gritería:
¡Yamanuga! Cucutá!

PREJUICIO

POR ARMANDO ZELAYA

Arrastraba su figura
entre un centenar de cables,
negro de los ojos negros
que viste un semirropaje.
Hollín desilusionado
pintado en tren bananero,
silueta de pordiosero
metido en los lodazales.

Es el negro sandunguero
de guitarra y aguardiente,
humilde, humano y consciente
que vive en el bananal.

Vagón de tren bananero,
silueta de pordiosero
con remiendo en el trasero,
a pesar de ser sincero
y a pesar de ser obrero
se desespera altanero
ante el prejuicio racial.

ROMANCE DE LA DANZA NEGRA

Por DAVID MOYA POSAS

Junto a las mesas, los negros
que hacen círculos al baile,
se entretienen con sus puros
en obscurecer el aire.

La negra tiene los ojos
de los negros que la aplauden,
estudiando rayos equis
en las sombras de su traje.

Entre el vestido que tiembla
de lentejuelas y encajes,
asoman sus dos columnas
los muslos de chocolate.

La cadera es un columpio
donde meciéndose bate,
un silencio de cien ojos
sobre el temblor de su talle.

Bajo el corpiño, los senos
inmóviles son rivales
del contorno de la luna
y la punta de los mástiles.

Penando pasan los negros,
viendo el vaivén de tu talle,
con el alcohol en la sangre,
mientras la luz va cortando
sus siluetas de azabache.

¡YA SOMOS IGUALES!

Por RAÚL GILBERTO TRÓCHEZ

El negro Tomás
sentado en la playa
tiende su atarraya
bajo el palmeral
y pesca ilusiones,
y pesca esperanzas,
y quiebra sus lanzas
con los tiburones.

Con ancha sonrisa
se tiende en la playa,
mientras la atarraya
se seca en la brisa.

Y Tomás se inquieta;
y Tomás se inflama;
y toda una llama
finge su silueta.
Mil puños levanta
como cocoteros;
como mil guerreros
que la mar espanta;
y sobre la duna
de la playa en fiesta,
lanza su protesta
de fiel redención.

Suenan los tambores
suenas las maracas
y los danzadores
de las piernas flacas
vibran como alambres
puestos en tensión
porque están alegres

al compás del son.
Ya Tomás se alegra;
ya Tomás se ufana
al oír la hosanna
de la turba negra.

—¡Me alegro! ¡Me alegro!
pueblo soberano,
pues llamáis hermano
al humilde negro.
Mi carne morena
me ordena ser franco:
¿Por qué sólo el blanco
tiene vida buena?

Tomás, el negrazo,
grita y vocifera,
y como bandera,
enarbola un brazo.
Tomás ya no sueña;
Tomás ya no gime;
Tomás se redime
de quien lo desdeña.
Tomás, el negrazo,
siempre está en acecho:
¡Qué viva el derecho!
Y enarbola el brazo.

Y en los caribales
los puños agita
cada vez que grita:
¡YA SOMOS IGUALES!

BLANCA, LA NEGRA

Por HÉCTOR BERMÚDEZ MILLA

No tiene color la línea,
ni un muslo nacionalidad,
ni ciudadanía un vientre
ni la belleza es racial.

"Blanca", se llama la negra,
y es un resumen de formas
y una armonía de curvas,
pavón de bruna hermosura.

Restalla su noble negrura,
su ardorosa arquitectura,
cuando cimbra su figura
la parda esfinge brumosa.

En la tarde, recortada
contra un crepúsculo claro,
Blanca, la negra espigada
nos deja ciegos de luz.

Blanca: azul, morada, negra
estatuaria, línea de ébano
diseño clásico de torso,
rencor de la impoluta nieve.

¡Quien no se para en la calle
al ver avanzar su figura,
no sabe lo que es petróleo
vertido sobre una escultura!

POETAS QUE APARECEN EN ES ESTA ANTOLOGÍA

CLAUDIO BARRERA: Nació el 17 de septiembre de 1912 y falleció en Madrid, España el 14 de noviembre de 1971. Poeta y periodista. Entre otras obras, escribió: La pregunta infinita, Brotes hondos, Cantos democráticos al General Morazán, Fechas de sangre, El ballet de las guairas, La estrella y la cruz, Poesía completa, La cosecha, Pregones de Tegucigalpa, Poemas, Hojas de Otoño, Poemario 14 de julio, Canciones para un niño de seis años, La niña de fuenterrosa, Antología de poesía negra. Su verdadero nombre era Vicente Alemán. Premio Nacional de Literatura Ramón Rosa en 1954.

DANIEL LAÍNEZ: Nació el 10 de abril de 1908 y falleció el 4 de marzo de 1959. Poeta, ensayista y narrador costumbrista. Escribió: Voces íntimas, Cristales de bohemia, A los pies de Afrodita, Isla de pájaros, Rimas de humo y viento, Misas rojas, Poesías varias, Antología poética, Poemas regionales, Al calor del fogón, Poemas para niños, Timoteo se divierte, Un hombre de influencia, Estampas locales, Manicomio, El grencho y la gloria.

JORGE FEDERICO TRAVIESO: Nació el 16 de agosto de 1920 y murió en Río de Janeiro, Brasil, el 8 de junio de 1953, a la edad de treinta y dos años. Publicó: La espera infinita y Diez poemas.

JACOBO CÁRCAMO: Nació el 28 de noviembre de 1916 y falleció el 2 de agosto de 1959. Poeta y periodista. Premio Nacional de Literatura en 1955. Escribió: Flores del alma, Brasas azules, Laurel de Anáhuac, Pino y sangre, Preludio continental y Antología.

MARTÍN PAZ: Nacido en Trujillo, Colón, el 3 de junio de 1896; murió el 17 de noviembre en México. Poeta y periodista. Obra publicada: Iniciales y Marinas.

JOSÉ R. CASTRO: Nació en Comayagua el 3 de octubre de 1909 y falleció en Bogotá, Colombia, el 14 de agosto de 1968. Poeta y periodista. Obras: Aura matinal, Canciones del Atlántico, Estrella,

Pantomima de carnaval, Ciudad maravillosa, romances y sonetos y Rumbo sur.

JESÚS CORNELIO ROJAS: Nació el 16 de septiembre de 1910 y falleció el 17 de julio de 1965. Poeta y antologista. Obra: Pasión en rojo y azul.

CONSTANTINO SUASNÁVAR: "Aunque nació en Nicaragua, escribió y murió en Honduras", señala el poeta y ganador del Premio Nacional de Literatura, José González, en su libro Diccionario de Literatos Hondureños". Obra: Números, Poemas, La Siguanaba y otros poemas, Perfil de frente, Sonetos de Honduras, Soneto a Coello y otros sonetos, Cuarto a espadas y Sonetos violentos.

CARLOS MANUEL ARITA: Nació en Ocotepeque el 10 de julio y murió en Guatemala el 26 de julio de 1989. Poeta y abogado. Publicó: Misterios del corazón; Cantos a la patria y otros poemas; Cantos del trópico; Nuestra América; Mensaje de amor a Guatemala; El declamador; Poemas y cantares de Honduras; Laureles Patrios, Guirnalda lírica, Fábulas para los niños de Honduras, El derecho de vivir y Vida y obra de Froylán Turcios.

POMPEYO DEL VALLE: Nació el 26 de octubre de 1928 y falleció el 23 de agosto de 2018. Poeta y narrador. Premio nacional de Literatura en 1981. Publicó, entre otros, los siguientes libros: la ruta fulgurante; Antología mínima; El fugitivo; Cifra y rumbo de abril; Nostalgia y belleza del amor; Monólogo de un condenado a muerte; Ciudad de dragones; El encantando vino del otoño; Piano de cola en el mar; Médico de almas; Los hombres verdes de Hula; Retrato de un niño ausente; El hondureño, hombre mítico; Una escama de oro y otra de plata y Sentido de la fuerza de Ramón Rosa.

RAÚL ARTURO PAGOAGA: Nació en Manto, Olancho, el 12 de junio de 1919. Falleció en Tegucigalpa el 27 de octubre de 1996. Ensayista y antólogo. Escribió, entre otras obras: Rumbos nuevos, Carlos Izaguirre y su múltiple actividad mental, José Antonio Domínguez, su vida y su obra, Panorama de la literatura centroamericana, La mujer hondureña bajo el cielo del arte, la ciencia y su influencia social, Tres ensayos literarios, Paisaje y cultura olanchana, Alfonso Guillén Zelaya, Dos cantos a la historia y un horizonte de amor de las Mataras, Jardín de lunas, Itinerario histórico de la poesía hondureña y Simón Bolívar, poema épico.

ARMANDO ZELAYA: Nació en Comayagua en 1928 y falleció en 1984 en Tegucigalpa. Poeta, narrador y periodista. Fue jefe de redacción de diario El Cronista y director del semanario humorístico El Chilío.

DAVID MOYA POSAS: Nació en Comayagüela el 21 de octubre de 1929 y falleció el 15 de octubre de 1970. Poeta y periodista. Publicó: Imanáforas; Metáforas del ángel, El arpa de las silabas y La oscura muchedumbre de los pájaros.

RAÚL GILBERTO TRÓCHEZ: Nacido en Santa Rosa de Copán el 12 de julio de 1917; murió el 9 de octubre de 2000 en Tegucigalpa. Poeta, narrador y periodista. Publicó: Rimas azules; Poemas de cristal; Poemas y cuentos; Rutas de ensueño; Poemas del atardecer; Morir cuando suena la campaña, Marejada, Imágenes y Cartas y amoríos para Froylán Turcios.

HÉCTOR BERMÚDEZ MILLA: Nació en San Pedro Sula el 16 de febrero de 1927 y falleció en Tegucigalpa el 13 de marzo de 2005. Poeta y narrador. Publicó: Tolvanera y Castillo de naipes.

CANTOS DEMOCRÁTICOS AL GENERAL MORAZÁN

Dedico este esfuerzo poético al noble espíritu del Dr. Salvador Aguirre, quien al unísono del sentimiento popular, sabrá definir la intención creada por una verdad indestructible, como ser: la lucha por la felicidad humana.

Morazán encarna, simbólicamente el único camino del triunfo y para seguirlo tenemos que tomar los principios esenciales de la Unión, de la Justicia y de la Libertad.

Dejo estos cantos en las manos firmes de los que llevan en el corazón, el relámpago de la buena voluntad, en el espíritu, el afán por la lucha y confían —humanamente— en un mundo mejor.

CLAUDIO BARRERA

CANTO DE INICIACIÓN DEMOCRÁTICA

Fuego sagrado.
Numen de la Patria.
Excelsa luz gloriosa.

Una palabra.
Palabra fija y alta,
humana y clara.
DEMOCRACIA.

Democracia de mármoles y auroras
—sangre de hermanos—
Democracia de voz y de sonrisas,
de acibares y lágrimas.
Democracia de siglo humanizado
con luz de amanecer en las gargantas.

Democracia campestre
con olores a surco y a cosecha,
a semilla y a canto.
Democracia de fruta sazonada
y madura en la sangre.
Democracia de río y de montaña,
de camino soleado
y de celaje y lluvia y llano y monte.

Democracia profunda de la letra;
codo a codo,
palabra con palabra,
suspiro con suspiro,
sangre a sangre,
muerte a muerte
y la infinita resurrección perenne:
Triunfo y Gloria!
SUPREMA DEMOCRACIA

Morazán voz de pueblo
con levadura virgen de tierra amanecida
propicia al grito eterno
de anunciación y vida....
Médula campesina.
Médula intelectual.
Médula proletaria.

Modelado en la pobre piedra de la esperanza
y fijo en el destino sin rumbo de la angustia.
Morazán como Washington y Lincoln y Bolívar;
en las concéntricas azules,
en las ondas etéreas,
en los pólenes vírgenes.
Morazán en el trigo,
en la boca,
en las manos
En los paisajes verdes y calinos
de las tardes del trópico.
En la azulada sierra de Tos Andes
y en lo apacible de las noches hondas.
En lo profundo de los valles altos

Morazán en la lucha.
¡Gloria!
¡Gloria!
Morazán en la historia.
¡Aleluya!
¡Aleluya!

Noche esclavizada.
Noche de inquisición.

Comienza el Alba...
Se alza la espada y el amor.
Cae la noche
y Morazán renace frente al sol.

Nace con el soldado de la América.
El mismo soldado de Bolívar,
de Martí
y de Morelos.
El soldado celeste cuajado en esperanzas
con la savia del indio
y el aroma de Francia.

Llega con el idioma de los siglos
y en una luz de anunciación perenne,
 viene con una espada de principios
para salvar la historia de la muerte.

Gloria a la sangre heroica en sacrificio.
Holocausto supremo de la Patria. ¡Salve!

Sangre de Gualcho.
Sangre del Espíritu Santo.
Sangre de La Trinidad.
Sangre de Perulapán.

Sangre hermana de América.
América: Sangre de Morazán.

CANTO EN LA ALBORADA

Morazán en el Alba:
cuna y raíz de pueblo.
Horizonte genésico de voz y de esperanza.
Niñez amanecida bajo el sol callejero
sin encajes, sin oros, ni alvanzas,
con el oro soleado del trabajo;
humilde,
humilde,
humilde,
con el oro sol

Duras las manos.
Firme el corazón.
La sangre joven
y el aspecto fijo
en el ángulo duro de la voz.
Cuna fabricada en el viento
y en el aliento limpio
del amor.
Morazán en el Alba —cuna y raíz de pueblo—
Horizonte genésico de amor y de esperanza.

Los filos de cinco altas estrellas vespertinas
abren la noche episcopal.
Noche de siglo encomendero
y de Fernando VII.
Noche de esclavo
y de Gobernador.
Noche de Virreyes
y de oscurantistas.
Noche de Marqueses
y de inquisición.

Siglo de la noche profunda,
con un llanto de tierra oprimida,
con un rodar de hierro en eslabones,
con la palabra muerta sin historia,
con la gloria sin gesto de alborada.
Noche profunda.
Noche sin historia.

CANTO DE ESPERANZA Y RECLAMO

Morazán está en pie con un ejército
de días presurosos severamente claros.
Días donde el corneta tiene la voz del alba
y el soldado es un eco de amor en la palabra.

Morazán está en pie —fijo en la euritmia clara—
Sin la íntima muerte pequeña.
Sin la separación del alma y la materia.
—cabal como principio sin fin de un mediodía—
Está firme en la muerte
marchando hacia nosotros
con estas claridades de preguntas:

¿Qué de mi vida hicisteis
juventud de la vida?

¿Qué de mi muerte grande
resurrecta habéis hecho?

¿Qué de mi pensamiento
que no comió la tierra?

¿Qué de mi soledad
que os acompaña siempre?

¿Qué de mi peregrina
sombra bajo la pólvora?

¿Qué de mi cuerpo frágil
que se deshizo en llamas?

Y de mi voz futura
con sol americano
continental oriente
de una sola alborada.

¿Qué habéis puesto en el verbo que ilusionó mi sangre?
¿Acaso no fue rumbo lo que marqué en los hombres?
Está mi patria firme marchando hacia mi muerte
que es imposible y única por resurrecta y grande.

CANTO DE JUVENTUD

Esta es la juventud que amaneció en tus ojos;
con tus hondas ideas —Tiricas emociones—
tus pétreas latitudes —juego de alas heroicas—
tus regios horizontes—flor de las alboradas—.

Hoy todo Centro América es juventud vibrante
y es eco de suplicio con corazón de nardo.

Estamos modelados bajo el crisol perfecto
de tu palabra limpia que nació en Costa Rica.
Tu palabra que es fino pino de las escuelas
donde la primer letra nos aroma los ojos,
donde la primer silaba nos apuña los brazos,
donde todo está impreso con un amor de tierra,
de sangre, de montaña, de surco y de arboleda.

En la primer cuartilla lo escribimos a tientas
y lo amamos corriendo por los ríos nocturnos,
por las ágiles vetas,
por los nervudos robles,
por los peñones áridos,
por las copadas cimas.
Hoy podemos cantarlo con alegría íntima,
con alegría fina de flor recién nacida
condecorando el viento con nuestras inquietudes
y el corazón tirarlo a mitad de la vida.

Hoy todo Centro América es juventud vibrante
y es eco de suplicio con corazón de nardo.
La unidad es materia con fuego, cal y grito.
La unidad es concreta con ritmo, luz y canto.
Todo corazón rompe sus pájaros de vidrio
y cantan recortando sus alas frente al día,
cantan con un solemne celaje de martirio
colgados en un péndulo de profunda armonía.

Alegría unionista de jazmines y flautas
Alegría unionista de rosas y campanas.
Alegría unionista de niños y esperanzas.
Alegría unionista de risas y de nácares.
Alegría acerada del hombre frente al Alba.
Alegría perfecta del hombre y su destino.
Alegría unionista de marfiles etéreos
que dibujan el mapa central del optimismo:
Alma de Costa Rica: tibieza y alba y ritmo.
Alma de Nicaragua: dulzura, canto y sueño.
Alma de El Salvador: bravura y ansia y grito.
Alma de Guatemala: grandeza y lucha y fuego.
Alma de Honduras: marmórea, fina, eterna.
Alegría unionista de cinco cantos claros.
Alegría unionista, con una sola estrella
de cinco puntas fijas en una dulce ronda.
Alegría unionista de cinco rosas blancas
Alegría unionista de mármoles y auroras.

Hoy todo Centro América es juventud que vibra
Y es eco de súplica con corazón de nardo.
La unidad es materia con fuego, cal y grito.
La unidad es concreta con ritmo, luz y canto.
Todo corazón rompe sus pájaros de vidrio
que cantan recortando sus alas frente al día.
Cantan con un solemne celaje de martirio
colgado por un péndulo profundo de armonía.
Alegría unionista. ¡Alegría! ¡Alegría!

ELEGÍA GLORIOSA

Morazán en la lucha es de mármol simbólico.
Morazán es amor sin prejuicio y frontera.
Morazán es el hombre universal.
Morazán es Unión de Centro América.
Morazán es principio y de la historia
es la gloria final.
Morazán es el hombre universal.

Canto a la Unión de Centro América,
con un canto desesperado.
Yo,
hombre del istmo,
con un mundo en la espalda,
frente a dos mares pródigos,
con las manos vacías
y los ojos extáticos.
Estoy clavado en sombras
con terribles prejuicios coloniales.
Aún miro la corona de Aycinena
y los ancestros reales.
Oigo en la lejanía aún el llanto
de tu primera muerte
y siento olor a pólvora
que me nubla los ojos,
con llorares de niños
y quejidos de ancianos
y mujeres que tienen
deshechos sus destinos....

Veremos desde ahora por todos los horarios de la tierra,
marcar la hora propicia con rumbo a tu llegada.
Vienes en un momento terrible nuestra suerte
porque se juega el mundo su carta ensangrentada.

Este es el siglo tuyo General Morazán.
Hoy se lucha por ti. Por tus ideales.
Hoy estas nuevamente
firme y maravilloso en las trincheras.
Vamos contigo al triunfo.
Somos la democracia que soñaste.
Somos un fruto tuyo
con una flor de sangre en la palabra.
Es la América unida siguiendo a tu reclamo.
Somos más que la América,
somos la raza en marcha
contra la noche que amenaza al día.
Somos la democracia —sueño tuyo—
Somos fruto de árbol. Infinita alegría.

Hoy estás nuevamente desde España:
—Almería, Teruel y Barcelona—
Hoy estás nuevamente desde Rusia:
—Sebastopol, Kharcov y Leningrado—
Hoy estás nuevamente desde México,
desde Brasil, Bolivia y Argentina.
Hoy eres el soldado Universal
pidiendo amor y fuerza.
Eres la democracia que deviene,
vienes a revivir la voz de mando
y la oiremos con ansias.
Tu ejército está en pie
y por Ti se combate General Morazán.
¡General Morazán has triunfado!
Hoy no eres solo Tú.

¡Ya no eres Centro América!
¡Eres más que la América!
Eres símbolo en cruz del Universo.
Eres eternidad en la palabra.

Eres esencia justa del momento.
Eres bandera de la democracia.
Eres justicia, ley y eres verdad.

Eres esencia suma de la lucha.
Eres la eternidad.

Morazán en la lucha.
¡Gloria!
¡Gloria!

Morazán en la historia.
¡Aleluya!
¡Aleluya!

www.ingramcontent.com/pod-product-compliance
Lightning Source LLC
Chambersburg PA
CBHW020249010526
44107CB00002B/167